Tortas
para chicos

23 pasteles y souvenirs decorados
para ocasiones especiales

A mi esposo por
hacerme tan feliz.

Cecilia Morana.

Índice

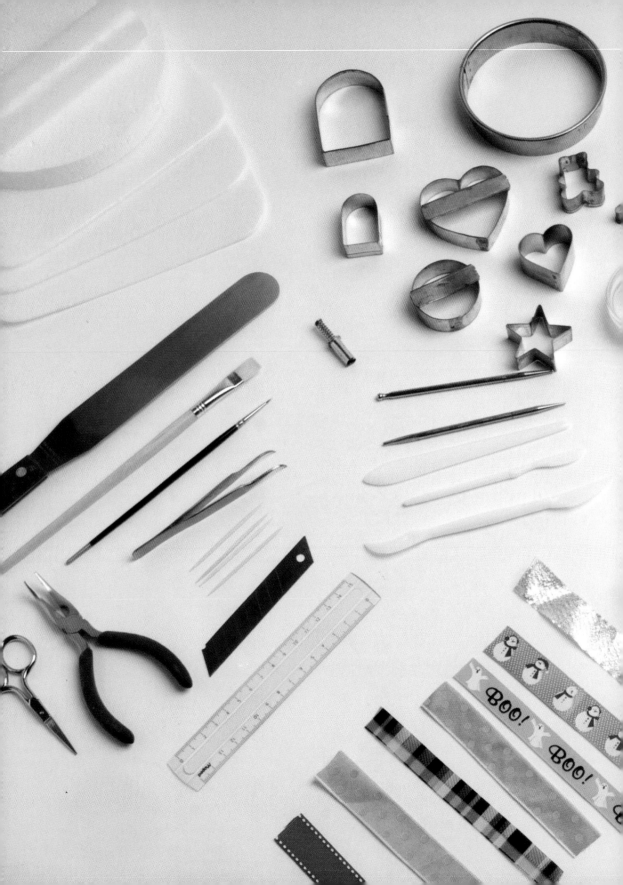

La despensa

La despensa

BANDEJAS DE TELGOPOR
Bandejas de telgopor de diferente
espesor y densidad para presentar las
tortas o bien dejar secar los trabajos.

CORTANTES VARIOS
Diferentes diseños de
cortantes simplifican el trabajo.

CORTANTES DE VENTANAS
De diferentes medidas
facilitan la realización
de construcciones.

PAPEL MANTECA
Admite múltiples
usos en la cocina.

PINCELES
El pincel fino lo utilizamos para
realizar detalles y el pincel chato
para pintar con los polvos.

PINZA ALGODONERA
La usamos para lograr
el efecto de pasto en glasé.

CINTAS VARIAS
Las cintas dan una
terminación al borde
de la bandeja.

PINZA
La pinza alicate nos permite
cortar palitos y alambre.

CÚTER Y REGLA
El cúter permite un
corte preciso al igual
que la regla.

TIJERA
La tijera debe ser de
punta fina para lograr
un corte más preciso.

AERÓGRAFO
Permite efectos especiales. Se debe utilizar sólo colorantes especiales comestibles.

PALO DE AMASAR
Los prefiero antiadherentes para que no se peguen a la masa.

COLORANTES
En pasta para teñir o en polvo para pintar. Deben ser comestibles o no tóxicos.

PALITOS PARA HELADO
Se emplean para presentar tanto helados como galletitas. Pueden ser de papel o de madera.

ALAMBRE PARA FLORISTERIA

EYECTOR
Cambiando las chapitas, esta herramienta permite realizar cordones con diferentes diseños.

GOMA EVA
Este material lo utilizamos para cubrir las bandejas de las tortas. Permite diferentes combinaciones y efectos.

HILO DE COSER COMÚN

PEGAMENTO NO TÓXICO

TANZA

CEPILLO PARA UÑAS
Permite lograr una textura similar al pasto o tela de toalla en pasta de cobertura.

MANGA
Pueden ser de tela o descartable, estas son ideales para pequeñas cantidades de glasé o gel.

Técnicas básicas de decoración

Técnicas básicas de decoración

Pasta de modelar

Mezclar 3 partes de cobertura y 1 de pasta de goma.

Piedras de pastillaje

Coloque en un bol un trozo pequeño de pastillaje.
Lleve al microondas durante menos de 2 minutos.
El pastillaje comenzará a inflarse hasta quedar firme.
Retire y corte en trozos.
Es conveniente teñirlo en forma despareja para lograr diferentes efectos.
Queda más fuerte si al pastillaje le mezcla un 10 % de pasta de goma.

Bandeja

Para las tortas de 3 a 5 kilos es preferible utilizar telgopor de alta densidad con un espesor de 2 cm de alto.

Pegue la bandeja con cola vinílica sobre goma eva y corte con un cúter el excedente. Con los restos de telgopor puede hacerle patas y pegarlas con cola vinílica. Elija cinta de tela al tono y pegue con pegamento en barra en el lateral de la bandeja. Es conveniente que la bandeja deje libres no menos de 2 cm de cada lado de la torta.

Rellenado de una torta

Marque en los bordes de la torta la cantidad de cortes que desee hacer. Luego profundice el corte hasta llegar al centro.

Cubra el molde que utilizó para cocinar el bizcochuelo con film y empiece a armar nuevamente la torta. Ponga el relleno entre capa y capa y humedezca si lo cree necesario. Cuando termine, cierre el film y ponga encima un peso de 1 kilo. Lleve a la heladera 4 horas como mínimo. Cuando la saque, el relleno se habrá distribuido en forma pareja y la torta estará lista para cubrir.

Forrado de una torta de base redonda

Unte la torta con un poco de dulce. Espolvoree la mesa con un poco de fécula de maíz y estire la cobertura de 4 mm de espesor. Use un palote que sea de mayor tamaño que la torta. Verifique la medida de la cobertura estirada para que alcance a cubrirla. Envuelva la cobertura en el palote y comience por un extremo dejándola caer. Presione suavemente con la palma de las manos para que se pegue y luego corte el excedente.

Forrado de una torta de base cuadrada o rectangular

Unte la torta con un poco de dulce. Espolvoree la mesa con maicena y estire la cobertura de 4 mm de espesor. Use un palote que sea de mayor tamaño que la torta. Verifique la medida de la cobertura estirada para que alcance a cubrir la torta, luego envuélvala en el palote y empiece por un extremo dejándola caer. Presione con la palma de las manos comenzando por las puntas.
Corte el excedente con un cuchillo filoso, no serrucho.

Trufa (pasta para modelar tortas)

Use las migas del bizcochuelo o desmenuce vainillas . Mezcle 100 g de dulce de leche y 100 g de chocolate por cada 300 gramos de migas.
Modele y lleve a la heladera para que se endurezca. Retire antes de usar.

Técnicas básicas de decoración

- Para estirar pastillaje es conveniente utilizar fécula de maíz, queda más suave.
También para estirar la cobertura es mejor usar maicena, queda más suave.

- Para usar el eyector es mejor hacerlo con pasta de modelar o pasta de goma. Antes de insertar la pasta pasarla por fécula de maíz, así no se pega y sale con facilidad.

- Para pegar la pasta de goma o pasta de modelar usamos un poquito de agua. De este modo aflora el CMC (carboci-metilcelulosa) y se pega sin dejar manchas en la superficie.

- Para que los colores rosa y violeta duren más tiempo y no se decoloren tan fácilmente, se recomienda teñir la pasta con colorante en pasta y polvo para pétalos.

- Para que la cobertura no se agriete, podemos incorporarle una pequeña cantidad de pasta de goma. Aproximadamente un 10%.

- Existen pegamentos instantáneos que no son tóxicos; agregando solo una gotita se facilita el armado del trabajo.

- El aerógrafo es una herramienta invalorable en la decoración de tortas. Permite dar efectos especiales al trabajo y lograr colores intensos, como rojo y negro.
Hay que usar solo colorantes comestibles especiales para aerógrafo.

- Para hacer pequeños cortes, use la tijera de punta fina, pero que no sea curva para que el corte sea preciso.

Recetas básicas

Glasé real

INGREDIENTES

- 1 clara de huevo

- Aproximadamente 250 gramos de azúcar impalpable para repostería

- Unas gotas de jugo de limón o ácido acético

PREPARACIÓN

Bata la clara en la batidora con un poco de azúcar impalpable tamizada e incorpore de a poco el resto.

Retire de la batidora y ajuste a mano, luego agregue el jugo de limón.

El glasé estará a punto cuando tenga una textura firme y opaca.

Pastillaje

INGREDIENTES

- 1 taza de agua

- 3 cucharadas de gelatina sin sabor

- 300 gramos de azúcar común

- Azúcar impalpable para repostería cantidad necesaria

PREPARACIÓN

Disuelva la gelatina en 1/2 taza de agua. Lleve a baño María y mezcle hasta que se disuelva.
Vuelque el azúcar común en un recipiente e incorpore la 1/2 taza de agua restante.
No revuelva. Deje reposar 5 minutos.
Lleve a fuego mediano hasta que hierva y el almíbar llegue a punto hilo flojo.
Una las dos preparaciones. Incorpore 200 gramos de azúcar impalpable.
Conserve en envase plástico en la heladera.
Amase incorporando azúcar impalpable hasta que quede una masa suave.

Recetas básicas

Pasta de goma

INGREDIENTES

- 1 cucharada de té de CMC (carbocimetilcelulosa)

- 4 Cucharadas soperas de agua tibia

- 1 Cucharada de té de glucosa

- Azúcar impalpable para repostería, cantidad necesaria (aprox. 200 gramos)

PREPARACIÓN

Disuelva la glucosa en el agua tibia. Tamice 100 gramos de azúcar con el CMC. Agregue a la preparación anterior, una bien y amase incorporando azúcar impalpable hasta que quede una masa homogénea que no se pegue en las manos. Conserve en bolsas de nylon dentro de un frasco de vidrio fuera del refrigerador.

Pasta para cubrir tortas

INGREDIENTES

- 6 cucharadas soperas de agua

- 3 cucharadas de gelatina sin sabor

- 1 cucharada de té de glucosa

- 1 1/2 cucharada de margarina vegetal

- 2 cucharadas de té de glicerina

- Azúcar impalpable para repostería cantidad necesaria (aprox. 800 gramos)

- Esencia a gusto

PREPARACIÓN

Disuelva la gelatina en el agua, luego lleve a baño María y mezcle hasta que se disuelva. Incorpore la glucosa, la margarina vegetal y la glicerina y disuelva.
Retire del fuego. Amase incorporando azúcar impalpable hasta que quede una masa suave que no se pegue en las manos. Saborice con esencia a gusto y coloree si lo desea. Conserve en envase plástico en la heladera.

Bizcochuelo clásico

INGREDIENTES

- 6 huevos

- 200 gramos de azúcar

- 200 gramos de harina

- 2 cucharaditas de polvo de hornear

- 1 cucharadita de esencia de vainilla

PREPARACIÓN

Bata durante 15 minutos, con batidora eléctrica, los huevos junto con el azúcar.

Retire e incorpore la esencia de vainilla, luego agregue la harina y el polvo de hornear cernidos, en forma envolvente.

Tome un molde de 24 centímetros de diámetro, previamente enmantecado y enharinado, y cubra el fondo del molde con papel manteca.

Vierta la preparación y lleve a horno moderado. Cocine durante 30 minutos aproximadamente.

Cuando el bizcochuelo está a punto los bordes se despegan del molde.

Retire y luego de unos minutos desmolde sobre una rejilla.

Bizcochuelo de chocolate

INGREDIENTES

- 6 huevos

- 200 gramos de azúcar

- 200 gramos de harina menos dos cucharadas

- 4 cucharadas de chocolate en polvo

- 1/2 cucharadita de bicarbonato

- 2 cucharaditas de polvo de hornear

PREPARACIÓN

Bata durante 15 minutos con batidora eléctrica los huevos junto con el azúcar. Retire e incorpore la esencia de vainilla, la harina, el chocolate en polvo, el bicarbonato y el polvo de hornear cernidos y en forma envolvente.

Tome un molde de 24 centímetros de diámetro, previamente enmantecado y enharinado, y cubra el fondo del molde con papel manteca.

Vierta la preparación y lleve a horno moderado. Cocine durante 30 minutos aproximadamente.

Cuando el bizcochuelo está a punto los bordes se despegan del molde.

Retire y luego de unos minutos desmolde sobre una rejilla.

Recetas básicas

Torta manteca

INGREDIENTES

- 100 g de manteca

- 200 g de azúcar

- 2 huevos

- Ralladura de 1 limón

- 240 g de harina leudante

- 2/3 taza de leche

PREPARACIÓN

Bata la manteca con el azúcar a punto pomada hasta que esté bien cremosa. Agregue los huevos de a uno por vez, batiendo bien después de cada añadido. Agregue la ralladura de limón y siga batiendo mientras agrega en forma alternada la harina y la leche. Vierta la preparación en un molde de 20 cm de diámetro, previamente enmantecado y enharinado. Lleve a horno moderado de 40 a 45 minutos. Desmolde sobre rejilla.

RELLENOS

- 500 g de dulce de leche + 200 g de chocolate para taza derretido + un toque de coñac (optativo).
- Queso crema y dulce de leche en partes iguales.
- Dulce de leche con trocitos de merengue o chispitas de chocolate o trocitos de pasta de maní con cacao.
- Crema París: Colocar 200 g de crema de leche y 100 g de chocolate picado en un recipiente y llevar a fuego lento, revolviendo continuamente con cuchara de madera hasta que rompa el hervor. Retirar y dejar enfriar. Batir en batidora 2 cdas de azúcar impalpable hasta que se blanquee y espese. Agregar a lo anterior.
- Crema gitana: Disolver 4 barritas de chocolate a baño María, en 3 cucharadas de agua hirviendo. Incorporar 200 g de dulce de leche repostero, 200 g de manteca y 200 g de azúcar impalpable. Mezclar muy bien todos los ingredientes.

Tortas para chicos

Cenicienta

1. Estire el pastillaje hasta los 3 mm de espesor y corte las piezas según los moldes. Modele el taco de 8 cm de alto y corte inclinado en la parte superior.

2. Deje secar la plantilla sobre un trozo de telgopor de 8 cm de alto y, sobre la parte delantera, deje secar el empeine con movimiento, al igual que el talón en la parte trasera.

3. Una vez secas las piezas, arme el zapato con glasé y una manga descartable.

4. Para emparejar las terminaciones, coloque glasé e intégrelo con agua y un pincel chato y suave.

5. Una vez pincelado con el glasé aplique de inmediato el brillo tornasolado en toda la superficie. Pinte el interior con polvo de nácar y alcohol fino.

6. Armado de la torta: haga una torta cuadrada de 25 cm de lado. Con un cuchillo filoso, talle los laterales para darle forma de almohadón.

7. Cubra con cobertura blanca y marque con la mano y una esteca arrugas en la superficie. Pinte de rojo con el aerógrafo.

8. Con 2 rollitos amarillos de pasta de goma forme 1 cordón. Haga las borlas y aplique con glasé en los laterales el cordón y en las esquinas las borlas.

A tomar el té

1. Tetera: modele una trufa de 10 cm de diámetro y forre según las indicaciones del comienzo con cobertura amarilla.

2. Manija: modele un cono de 12 cm de largo, dele movimiento y déjelo secar tomando la precaución de que coincida con el lateral de la tetera.
Pico: modele un cilindro afinado en un extremo.

3. Tapa: con pasta amarilla haga una bolita de 5 cm y aplane. Complete con detalles realizados con el eyector y pasta de goma naranja y violeta. Haga más bolitas verdes y violeta y un cono rosa. Pegue con agua y ponga bolitas rosa en la base.

4. Para decorar la tetera utilice pasta de goma y el eyector. Haga 1 flor a partir de un rollito de pasta rosa, hojas verdes y líneas siguiendo el diseño. Pegue la tapa de la tetera con agua y la manija y el pico con glasé.

5. Taza: corte al medio una esfera de telgopor de 5 cm. Cubra con pastillaje y deje secar. Para la manija modele un medio aro y para el plato corte un círculo de 6 cm violeta. Deje secar sobre un platito.

6. Para la tacita: coloque dentro un trozo de la esfera de telgopor. Pegue la manija con glasé y decore con pasta de goma. Rellene con gel de brillo con un toque de marrón.

7. Armado de la torta: haga una torta ovalada, fórrela con pasta cobertura lila. Marque ondas en el lateral con una esteca y aplique tiritas en pasta de goma color rosa y verde.

8. Péguelas con agua y corte con un cúter el excedente que supera la onda. Complete la guarda con cordones en pasta de goma fucsia.

Halloween

Espantapájaros

1. Piernitas: pinte de color marrón 2 palitos de brochette. Córtelos de 12 cm de largo. Para el cuerpo, haga1 cono de pasta de modelar amarilla de 4 cm de largo, luego insértelo en las piernitas.

2. Modele 2 conitos de 4 cm de largo, abra en el extremo y corte picos con una tijera. Inserte el pantalón en las piernas.

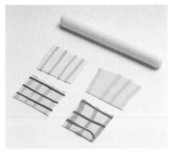

3. Estire pasta de goma amarilla, luego pasta verde, corte tiras, péguelas con agua y aplane con el palito. Con tiras rojas más finitas repita el procedimiento, pero péguelas en forma perpendicular.

4. Corte un rectángulo, hágale picos en la parte inferior y péguelo al torso con agua, luego corte el excedente con una tijera.

5. Inserte 2 palitos de 12 cm de largo pintados de marrón a la altura de los hombros. Corte las mangas según el molde y pegue. Corte y pegue la corbata.

6. Cabeza: haga una bolita de 3,5 cm y péguele dos chiquitas de pasta blanca. Forme un rollito de pasta negra y corte trocitos para hacer la boca. Complete con un triángulo naranja como nariz.

7. Sombrero: haga un cono en pasta de modelar marrón claro, abra la base y texture con una esteca.

8. Modele rollitos afinados en el extremo de pasta de goma marrón y vaya pegándolos en la cabeza.

9. Coloque el sombrero sobre el cabello pegándolo con glasé.

10. Haga las hojas en pasta verde. Modele conos, aplánelos y marque una nervadura en el centro. Curve un poco la punta para darle movimiento.

11. Inserte un palito de brochette y deje secar.

12. Para las calabazas haga bolitas en pasta de modelar naranja y marque con una esteca . Modele el cabito en pasta de goma verde. Pegue con agua.

Halloween

Fantasmitas

13. Haga un cono de 4 cm de largo en pasta blanca. En el extremo superior saque dos brazos hacia los costados y termínelos con una bolita. Para la cabecita, modele un cono de 2 cm de largo. Pegue dos bolitas para los ojos y pínteles un punto negro. Con un bolillo pequeño marque la boquita.

14. Armado de la torta: hornee una torta ovalada. Cubra con cobertura verde y texture la superficie con un cepillo de uñas.
Complete con zapallos, zarcillos y fantasmitas.

Llegó la primavera

1. Forre una maceta de barro con papel de alumnio y hornee allí la torta. Luego cúbrala con pasta marrón claro.

2. Haga dos rollitos: uno de 3 cm de ancho para arriba y uno de 1 cm para abajo. Péguelos con agua y texture con una esteca. Cubra con cobertura verde y texture con una pinza algodonera.

3. Pinte de verde palitos de helado. Para las flores use pasta de modelar coloreada y forme 6 conos de 3 cm de largo. Únalos en el centro.

4. Pegue el palito con glasé. Haga una bolita de 2 cm en pasta de modelar naranja y péguela en el centro aplanando suavemente.

5. Con un bolillo pequeño marque los ojos y pegue 2 bolitas de pasta negra. Haga un rollito en pasta negra y pegue con agua la sonrisa. Pinte rubor en las mejillas y rayas blancas en los pétalos.

6. Use pasta de modelar verde para las hojas, haga conos, aplánelos y marque con una esteca en el centro una nervadura, luego inserte un palito de brochette pintado de verde.

7. Armado de la torta: haga 3 flores de distintos colores e insértelas en la torta con distintas alturas. Complete la decoración con hojas.

8. Souvenirs: desmenue merengue y mezcle con dulce de leche. Rellene vasitos de helado y cubra con pasta de modelar verde. Haga flores chicas de colores y ponga 1 en cada macetita.

Muuuuaaaa....

1. Haga una torta ovalada y recorte según el molde.

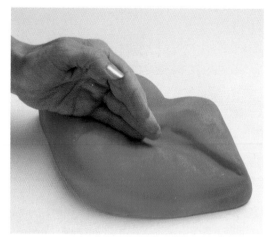

2. Cubra con cobertura rosa de 4 mm de espesor. Modele con la palma de la mano marcando los labios.

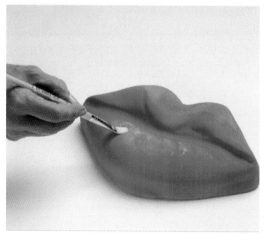

3. Sombree con el aerógrafo y dé brillo con fulgor mágico rojo.

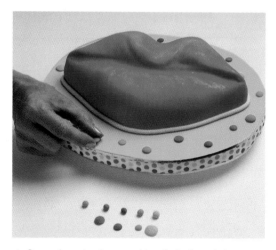

4. Complete la decoración de la bandeja con círculos de colores de diferentes medidas.

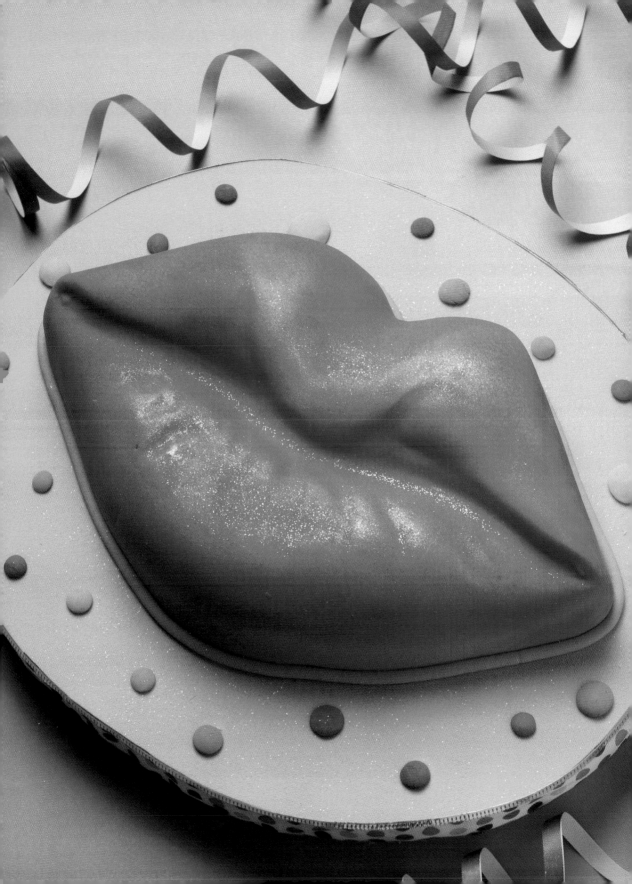

San Valentín

1. Haga una torta en forma de corazón, cúbrala con pasta blanca y ponga en el borde un cordón pegado con agua.

2. Corte en telgopor de 2 cm de espesor la forma de la torta, cúbralo con pasta y pinte todo con el aerógrafo y pintura roja.

3. Cubra la superficie roja con pintitas blancas. Estas se hacen con pasta de goma y una boquilla mediana y redonda. Se pegan con agua.

4. Moño: estire pasta de goma blanca, corte 8 tiras de 6 cm x 15 de largo y cúbralas con lunares en rojo. Hágalos del mismo modo que en la torta.

5. Deberá fruncir los extremos, luego unirlos y dejarlos secar en un tubo de 3 cm de diámetro.

6. Forme el moño sobre la tapa y péguelo con glasé al tono.

7. Estire pasta de goma blanca, deje orear un minuto , arrugue suavemente imitando papel y coloque sobre la torta.

8. Armado de la torta: ponga bombones con forma de corazón y apoye la tapa de costado.

Fashion

Cartera

1. Haga una torta de manteca redonda de 25 cm . Corte en dos mitades desiguales y fórrela de color rosa.

2. En pastillaje rosa, haga las manijas modelando 2 cilindros de 15 cm de largo y dejándolos secar con movimiento. Inserte en los extremos 1/2 palillo de cada lado.

3. Estire pasta de goma verde y cubra el lateral de la cartera. Estire pasta de goma y corte una tira de 2 cm por el largo de la superficie de la torta. Pegue con agua y pase el rodillo de costura imitando el cierre.

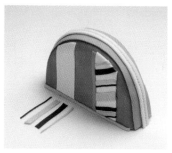

4. Estire pasta de goma blanca y corte tiras en pasta de goma negra y verde de diferentes anchos. Humedezca y pegue sobre el blanco.

5. Corte 2 tiras rayadas de 2 cm de ancho por el alto de la cartera y pegue con agua en el frente.

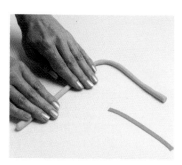

6. Estire pasta de goma naranja y un cordón rosa para terminar la decoración del frente.

7. Modele los ganchitos del cierre a partir de 2 conitos aplanados y abiertos con una boquilla redonda grande y una pequeña.

8. Corte 2 corazones y redondee los bordes.

9. Coloque dos tiras de pasta de goma , pegue con glasé los ganchitos y los corazones como adorno.

Libreta

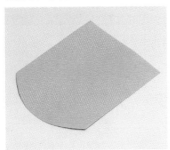

10. Corte en pasta de modelar violeta según el molde y decore los bordes con una marcador de costura.

11. En pasta de goma blanca corte un cuadrado de 6 x 6 cm y cale con una boquilla redonda mediana.

12. Decore con pasta de goma violeta, con aritos, 2 conitos y un corazoncito. Pegue con agua.

Fashion

Lápiz labial

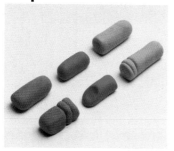

13. Modele1 rollito de 2 cm y otro de 2,5 en dos tonos de violeta. Con una esteca marque la base. En rojo haga un rollito más delgado y corte un extremo inclinado.

Aros

14. Realice un rollito en pasta de goma y enrósquelo. Con alambre dorado haga un ganchito e insértelo en el extremo.

Collar

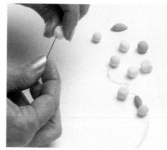

15. Realice 3 figuras como los aros y las bolitas en verde y amarillo. Insértelos en una aguja de coser con hilo amarillo. Luego corte el hilo y ate.

Bolígrafo

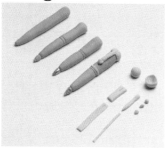

16. Haga un rollito rosa de 12 cm de largo con un extremo más fino. Haga 2 tiras en celeste, pegue con agua y modele un ganchito. En la punta pegue un conito dorado.

Souvenirs

17. Corte un trozo a un alfajor y cúbralo como una torta.

18. Del mismo modo que la cartera grande, decore combinando los colores utilizados.

Baby Shower

Osito

1. Modele 1 cono de pasta marrón de 7 cm de largo e inserte medio palillo. Patas: modele 2 rollitos de 5 cm de largo para las patas traseras y 2 de 4,5 cm para las delanteras. Afine el extremo.

2. Texture con un palillo las patas y pegue con glasé al cuerpo. Texture el cuerpo del mismo modo.

Cabeza

3. Modele una bolita de 3 cm y marque al medio con rodillo. Hocico: haga un óvalo, marque las costuras y texture. Pegue 2 bolitas de orejas. Haga los ojos y la nariz enpasta negra..

4. En pasta rosa haga 3 rollitos de 15 cm de largo afinados en los extremos. Para la terminación realice dos conitos de pasta rosa a modo de lazo.

5. Una los rollitos en los extremos y coloque el osito en el centro. Lleve hacia arriba y una todo. Pegue el moño con glasé.

Globos

6. Haga 2 óvalos en pasta rosa y celeste y una bolita como terminación con pintas blancas. Pegue con 2 palitos de brochette. Inserte bien en el osito para que queden firmes.

Armado

7. Haga una torta de manteca en un bol enlosado. Fórrelo y pinte con aerógrafo en azul y violeta. Ponga estrellitas en pasta de goma y bolitas de pasta de modelar. Dé brillo con destello blanco y alcohol fino.

Souvenirs

8. Modele la cara de 1 osito. Modele bolitas en pasta blanca y pegue con glasé sobre una cupcake. Aplique en fresco la cara del osito.

A todo vuelo

Avión

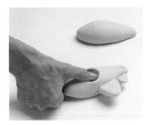

1. Con pasta de modelar teñida con una pizca de negro y azul, haga un cilindro de 12 cm de largo y marque un hueco en el centro con el dedo pulgar.

2. Haga un óvalo de 8 cm, aplane, corte al medio e inserte medios palillos en el borde de las alas. Modele 3 alerones como medio óvalo de 2 cm y pegue en la parte trasera con glasé.

3. Con pasta de goma verde modele 2 conitos de 3 cm de largo, aplane y pegue a una bolita de pasta de goma roja.

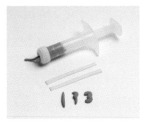

4. Haga un cordón rojo con el eyector y con pasta de goma amarilla corte tiras finas. Pegue con agua y decoreel avión. Se puede modelar el número de acuerdo a los añitos que cumple. Pegue la hélice en el frente

Cuerpo

5. Haga en pasta color piel un cono de 3 cm y dos rollitos para los brazos (inserte medio palillo en el centro). Cubra el cuerpo y mangas con pasta de goma amarilla. Pegue con agua. Pinte con rubor las manos.

Cabeza

6. Sobre una bolita, marque con bolillo los ojos y haga los ojos y la sonrisa en pasta de goma negra. Haga el casco con un círculo de 4,5 cm. Pegue con glasé sobre el avión y póngale una bufanda verde.

Armado

7. Realice una torta ovalada y haga cortes para darle una forma irregular. Desmenuce los sobrantes y mézclelos con dulce de leche. Cubra con dulce de forrar. La cobertura debe tener 4 mm. de espesor.

8. Una vez cubierta, modele la nube con las palmas y pinte con polvo para pétalos celeste. Complete la guarda con glasé real blanco y una boquilla redonda grande haciendo bolitas.

Pequeños juguetes

1. Estire el pastillaje de 3 mm de espesor y corte 2 piezas según el molde.

2. Estire pasta de goma de 4 mm de espesor y corte en blanco y rosa el collage. Para los botones haga 4 botoncitos en violeta marcando el centro con un bolillo.

3. Pegue con agua sobre el pastillaje y marque con una ruedita las costuras.

4. Estire pasta violeta y verde y corte tiritas. Con el eyector haga en pasta de verde el pelo y pegue la cola y la crin. Haga pintas color pastel con un pincel fino. Una con glasé las dos partes del caballito, deje secar.

Cubos

Pelotas

Armado

5. Modele a partir de una esfera 1 cubo. Corte letras en pasta de goma y pegue con agua en los laterales del mismo.

6. Modele pelotas de diferentes tonos y realice con un marcador las costuras.

7. Haga tiras en color violeta y verde. Pegue con agua en el lateral. Corte una puntilla en pasta de goma blanca y pegue en tiras sobre la guarda.

Tortas para chicos

Auto

1. Auto: modele una trufa o esfera de telgopor de 16 cm de diámetro y forre de rojo. Es importante que le quite un trozo de la base para que se apoye firmemente.

2. Realice en pasta de modelar roja una esfera de 6 cm y pártala al medio.

3. Ventanas: estire pasta blanca y corte 2 círculos de 5 cm de diámetro al medio. Dos de ellos se parten nuevamente al medio. Estire pasta negra y corte tiras finas. Pegue con agua.

4. Ruedas: haga las ruedas en pasta negra a partir de 4 bolitas de 2 cm. Aplane y marque el centro con bolillo y en los bordes haga rayas con esteca. Para los guarda-barros estire pasta roja de 4 mm y corte tiras de 2 cm de ancho por 7 de largo. Ponga sobre las ruedas.

5. Paragolpes: estire pasta gris, corte tiras de 1 cm de ancho y pegue con agua adelante, atrás y en los laterales. Pegue las ruedas y el paragol-pes al auto con glasé. Atrás van 2 bolitas rojas como luces.

6. Cara: en pasta negra y con ayuda del eyector haga la carita sonriente, remate con 2 bolitas amarillas marcadas con un bolillo en el centro. Modele cejas y ojos. Pegue con agua.

7. Armado de la torta: haga una torta hexa-gonal y forre con pasta cobertura. En el lateral pegue tiras rojas y ver-des. Corte con cortante, así quedan iguales. Pegue intercaladas, con agua.

8. Souvenirs: tome un bombón de chocolate forrado con coberturas de color y repita los pa-sos para hacer pequeños autitos.

Galáctico

1. Modele en pasta de goma verde un cilindro de 2 cm de alto y marque con esteca la base. Para los brazos haga 2 rollitos en medio palillo. Aplane la mano y marquer los dedos con esteca. Para los zapatos, modele 2 óvalos negros y aplane. Una todo al cuerpo.

2. Cabeza: haga en pasta verde 1 bolita de 1 cm y marque al medio. Pegue 2 bolitas blancas como ojos con 2 bolitas negras en el centro y 1 tercera por boca. Orejas: haga 2 conos, marque el centro con palillo. Antena: alambre pintado de negro con 1 bola negra en la punta.

3. Haga una torta en un bol enlosado y cúbrala con cobertura.

4. Pinte con colorante plateado y fulgor mágico dorado y celeste. Aplique círculos celestes en pasta de goma como ventanas. Ponga sobre una bandeja de telgopor forrada que tenga 2 cm de margen. Decore la unión con un cordón de pasta celeste realizado con el eyector.

5. Patas : modele 6 patas. Haga un rollito de 6 cm de pasta de goma gris, inserte en un trozo de 9 cm un palito de brochette y marque con esteca.

6. Ponga trozos de pasta de modelar en 1 bandeja y marque con los dedos para que la superficie quede irregular. Pinte con aerógrafo. Inserte las patitas en la base y apoye la torta.

7. Haga cabecitas, quíteles la parte de atrás y pegue en las ventanitas. Termine las ventanas con un cordón de pasta de goma celeste realizado con el eyector.

8. Finalice la decoración con piedras de pastillaje y marcianitos, algunos partidos al medio así quedan como si estuvieran saliendo del piso.

Bienvenido

Cuerpo

1. Haga 1 cono de pasta de modelar color piel de 6 cm de largo, dele movimiento, marque con un bolillo el ombligo e inserte medio palillo en el extremo.

Bracitos

2. Modele 2 rollitos de 5 cm de largo , afine a la altura de la muñeca y aplane la manito. Con tijera de punta fina corte el dedo pulgar y retire el excedente. Redondee el corte y, con una esteca, marque los 4 dedos. Doble la manito y dele movimiento.

Cabeza

3. Modele una bolita de 3 cm. Marque al medio con el dedo índice. Con un bolillo pequeño marque donde irán los ojos y pegue ahí 2 bolitas de pasta negra. Para la nariz, modele un ovalito y pegue con agua. Deje secar.

4. Pinte rubor en las mejillas con polvo para pétalos. Con pincel fino y colorante marrón, pinte las cejas, la boca sonriente y unas pequitas.

5. Estire pasta de goma celeste, corte un círculo con ondas y decore con globos hechos con pasta de goma.

6. Pegue los brazos con glasé color piel. Coloque el babero y modele un cilindro de 12 cm de largo a modo de cuerpito.

7. Modele rollitos afinados en el extremo de pasta de modelar marrón y pegue con agua en la frente a modo de flequillo.

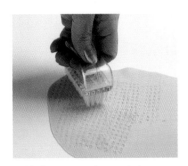

8. Estire pasta de modelar celeste y texture con cepillo de uñas toda la superficie. Corte un cuadrado de 20 x 20 cm.

9. Estire pasta de goma blanca, corte tiras de 1 cm de ancho y pegue con agua en el borde la manta. Con el marcador de costuras haga los bordes simulando las puntadas.

Accesorios

10. Coloque la manta sobre el bebé dándole movimiento de tela. (Preferentemente hágalo sobre la bandeja).

11. Esponjas: estire pasta de modelar de colores y corte con diferentes formas. Texture la superficie con bolillo.

12. Jabón: Con pasta de modelar blanca corte un óvalo y marque el centro con bolillo y esteca imitando la marca del jabón.

Bienvenido

Chupete

13. En pasta de modelar celeste haga un arito y un círculo. En pasta color piel un pequeño cilindro. Pegue entre sí con glasé al tono.

Armado

14. Cocine una torta ovalada, cubra de celeste y coloque sobre una bandeja espejo. Para la guarda modele un rollito en forma irregular, aplane y pegue con agua a la torta. Complete con bolitas de glasé hechas con boquilla mediana redonda.

15. Aplique, con una manga descartable, gel de brillo imitando agua.

Souvenirs

16. Patitos: Cubra un bombón de chocolate con pasta de modelar amarilla dejando atrás una pequeña punta para la colita.

17. Haga una bolita para la carita, marque con bolillo los ojos y pegue ahí 2 bolitas negras. Modele un rollito naranja afinado en las puntas, pegue con agua y abra con esteca y bolillo.

18. Coloque un pequeño chupete hecho con pasta de goma celeste. Haga 2 conitos, marque con una esteca las alitas y pegue a los costados del patito.

Desde el fondo del mar

1. Talle un budín. Forre con cobertura de 4 mm de espesor amarilla. Recorte debajo el excedente. Maque una raya con una esteca en la parte inferior y costuras con el marcador.

2. Decore con 3 círculos en pasta de goma celeste. Alrededor pegue un cordón naranja realizado con el eyector así como en el frente.

3. Modele 2 conos violetas para la hélice, inserte medio palillo en la base de cada uno. Inserte estos en una bolita roja y esta sobre una naranja. En la parte trasera ponga 1 bolita naranja. Deje secar y pegue con glasé.

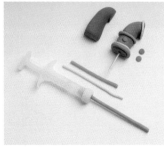

4. En pasta de modelar violeta haga el periscopio partiendo de un rollito de 12 cm de largo doblado en un extremo. Decore con cordones de pasta hechos con el eyector y pegados con agua.

5. Pegue todo al submarino y decore con bolitas de color.

6. Haga bolitas de colores para los peces. Modele bolitas blancas como ojos y ponga 2 bolitas de pasta negra arriba. Haga 3 conitos, pegue en la cola con agua. Decore con bolitas de otro color el cuerpo.

7. Forre un bombón de chocolate con pasta de modelar roja. Inserte 1 palillo en la base. Para las patas haga 8 rollitos de pasta de 4 cm de largo y pegue con agua. Con otro bolillo abra la boquita.

8. Para los ojitos haga 2 bolitas blancas y pegue en el frente. Ponga dos pequeñas bolitas de pasta de goma negra arriba. Pegue 3 conitos naranja en la cabecita.

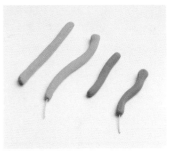

9. Esponjas marinas: en pasta de modelar de colores haga rollitos, abra con un bolillo en la parte superior e inserte un trozo de alambre en la base. Deje secar con movimiento.

10. Corales: en celeste haga un rollito, y a ese hágale 2 cortes con la tijerita. Pellizque para formar las salientes y en el extremo de cada una abra con el bolillo.

11. En la base inserte medio palillo.

12. Algas: estire pasta de goma, ruletee el borde con una esteca bastón y luego enrosque. En rojo haga bolitas y marque en el centro con un bolillo.

Desde el fondo del mar

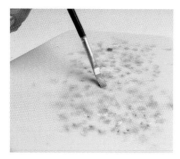

13. Cubra la torta de blanco. Con un pincel chato y duro, pinte de celeste y azul con suaves golpecitos. Es conveniente que el pincel esté seco y la pintura apenas diluida.

14. Coloque en la torta todo el modelado y aplique gel de brillo con una manga descartable para imitar el agua.

El gol

1. Pelota: modele una trufa de 10 cm y forre según las indicaciones del comienzo. La esfera puede ser de trufa o de telgopor.

2. Marque con una esteca hexágonos a modo de parches y las costuras con un marcador de costuras.

3. Zapatillas: en pasta azul, haga 2 bolitas de 5 cm de diámetro. Modele un cono y aplane el extremo. Marque con esteca plana la suela y el frente. Con bolillo haga los orificios y pegue los cordones con agua.

4. Gorra: en pasta de modelar roja haga 1 bolita de 5 cm y aplane. Para la visera modele 1 media luna y aplane. Con el eyector forme un cordón azul y pegue con agua como terminación.

5. Manos: en pasta amarilla haga 1 esfera de 4 cm de diámetro, dé forma de cono y aplane. Haga un corte con la tijera para separar el dedo pulgar del resto, empareje y haga 3 cortes más para los dedos restantes. Redondee.

6. Cara: con pasta de goma negra, modele los ojos con los dedos y la sonrisa con eyector. Forme un óvalo en pasta de goma roja para la nariz. Pegue con glasé al cuerpo y ponga pelitos amarillos. Termine con cordón celeste.

7. Armado: haga una torta cuadrada de 25 cm de lado. Cubra con cobertura verde y texture la superficie con un palillo. Complete con pastitos y piedritas en pasta de goma.

8. Souvenirs: a partir de un bombón de chocolate forrado con cobertura blanca, repita los pasos para hacer pequeñas zapatillas y todos los detalles del adorno de la torta.

Dulce dragón

1. Cuerpo: modele 2 conos de 6 cm de largo y 2 cm, encímelos e inserte medio palillo. Deje secar.

2. Patas traseras: modele 2 conos de 2 cm de largo, doble en forma de L, aplane la parte más delgada y corte formando 3 dedos. Con la esteca marque arrugas y pegue uñas fucsia en pasta de goma.

3. Cola: modele 1 cono de 6 cm de largo, dele movimiento. Corte triángulos para decorar la cola y la espalda. Estire pasta amarilla y corte una tira de 6x3 cm. Marque rayas horizontales y pegue en el frente del dragón con agua.

4. Cabeza: modele un óvalo de 2 cm, marque a la mitad con los dedos . Pegue con agua 2 bolitas a modo de orificios nasales y en el centro marque con bolillo pequeño. Forme los ojos. Con una esteca señale la raya de la boca y con un bolillo las comisuras.

5. Haga 2 conitos de pasta violeta de orejas, aplane en el medio y pegue en la cabeza con agua dándole movimiento. Modele los ojos con bolitas blancas y 2 puntos de pasta de goma negra arriba.

6. Para las patas delanteras haga 2 rollitos de 2 cm de largo, marque para separar la mano, aplane y corte 3 dedos. Pegue uñitas violeta dobladas al medio para dar movimiento.

7. Pegue con glasé la cabeza al cuerpo y las patas delanteras sobre la carita. Agregue unos pelitos en la frente. Pegue la cola y los triágulos continuando hasta la cabeza.

8. Haga una torta de manteca y corte en 2 partes. Forre las tortas en color verde manzana. Complete con piedras realizadas en pasta de modelar marrón.

Esperando la Navidad

1. Muñeco 1: Para el cuerpo forre un bombón de chocolate con pasta para modelar blanca y para la cabeza modele una bolita más pequeña.

2. Pegue con glasé la carita al cuerpo. Coloque en la carita dos bolitas en pasta de goma negra como ojos y un triangulito en pasta de goma naranja a modo de nariz.

3. Muñeco 1: para los bracitos modele dos rollitos de 3 cm. Para las manitos haga un conito negro, aplane, corte el dedo pulgar con una tijerita y redondee el corte. Pegue con agua.

4. Pegue los brazos. Haga una tira de 3cm x 6 cm. Pegue con agua alrededor del muñeco. Ponga unas bolitas negras de botones y marque 2 orificios con un palillo. Para el gorro modele un cono rojo y abra en la base con los dedos para pegarlo con agua en la cabeza.

5. Muñeco 2: haga los bracitos con 2 rollitos verdes de 3cm, inserte medio palillo en cada uno. Haga 1 bolita en pasta celeste y otra en pasta roja, aplane y texture. Texture pasta verde pasando el palote sobre tul y corte dos círculos, de 6 y 8 cm.

6. Pegue los círculos sobre el torso y la cabeza. Estire pasta celeste y marque con pinza algodonera. Pegue con agua el cuerpo. Modele y pegue una tira de 3 x 6 cm en el borde del cuerpo y bolitas negras como botones. Pegue la cabeza.

7. Arbol: haga un cono en pasta de modelar verde, con una tijera de punta fina realice cortes alrededor. Pegue con glasé bolitas de colores y una estrella en el extremo del árbol. Espolvoree con azúcar impalpable simulando la nieve.

8. Armado: haga una torta ovalada, forre de rojo y pegue con glasé los muñecos y el árbol. Para la guarda haga pequeñas bolitas, y péguelas con glasé blanco. Sobre la superficie, ponga glasé y alise con pincel suave y agua.

Hadas mágicas

1. Piernitas: cubra con pasta de goma color piel 2 palitos de brochette. Córtelos de 12 cm de largo. Si desea darle movimiento a la piernita, quiebre uno de ellos al medio, sin romperlo.

2. Modele 2 ovalitos en pasta de goma blanca y péguelos con agua en el extremo. En pasta de goma rosa, modele un rollito y péguelo en la unión. Deje secar.

3. Cuerpo: modele 1 cono de pasta de modelar rosa de 4 cm de largo, insértelo en las piernitas. Agéguele una bolita rosa como cuellito.

4. Bracitos: cubra con pasta de goma color piel 2 palillos de 3 cm de largo en pasta de goma rosa, modele un óvalo y córtele el dedo pulgar a manera de mitón.

5. Pegue con agua en el extremo del bracito. Inserte una bolita rosa como manga en el extremo. Inserte los bracitos en el cuerpo.

6. Cabeza: modele una bolita ovalada de 2 cm. Con un bolillo pequeño marque donde irán los ojos y pegue ahí 2 bolitas de pasta de goma negra.

7. Para la nariz, modele un ovalito y pegue con agua. Deje secar.

8. Una vez seca la carita, pinte el rubor en las mejillas con polvo para pétalos y un pincel suave. Con pincel fino y colorante marrón, pinte cejas, una boca sonriente, pestañas y unas pequitas.

9. Corte la falda en papel de arroz según el molde. Estire pasta de goma rosa y corte con el cúter tiras finas. Pegue con agua a la falda.

10. Use pegamento instantáneo no tóxico para pegarla al cuerpo. Pegue los brazos y la cabecita al cuerpo con glasé al tono.

11. Estire pasta de goma, espolvoree con brillo tornasolado y corte las alas y una coronita según el molde. Déjelas secar con movimiento circular.

12. Modele rollitos afinados en el extremo de pasta de modelar amarilla y vaya pegándolos con agua en la cabecita y los más pequeños a modo de flequillo.

Hadas mágicas

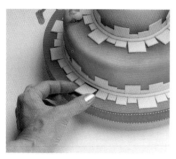

13. Para la guarda estire pasta de goma y corte cuadrados de diferentes medidas, péguelos con agua a la torta y píntelos con destello y alcohol fino. Complete la unión con un rollito de pasta de modelar realizada con el eyector.

14. Armado: haga 2 haditas más: una celeste y una violeta. Forme las coronitas con glasé. Forre de blanco dos tortas redondas: una de 28 y otra de 22 cm. Pinte con aerógrafo comenzando con azul, luego violeta y finalmente rosa en el piso superior.

Conejita country

1. Haga una torta de manteca en una lata de arvejas y tállela. Forre con cobertura de 4 mm de espesor. Recorte debajo el excedente.

2. Cabeza: en pasta de modelar haga un óvalo, marque al centro y con 1 bolillo grande la boca sonriente. Con 1 esteca marque la boca y con 1 bolillo mediano donde termina. Abra la boca en el centro. Con el bolillo marque-los ojos. Inserte en la base medio palillo.

3. Para las orejas haga 2 conos de 4 cm de largo, aplane y marque con un brochette en el centro. Pellizque la base e inserte medio palillo. Pinte con un pincel suave rubor en el centro.

4. Pegue con agua dos bolitas negras en los ojos. La naríz será un corazón rosa. Una vez seca la carita, pinte con pincel suave el rubor en las mejillas y luego con pincel fino y marrón, las pestañas y las pecas en blanco.

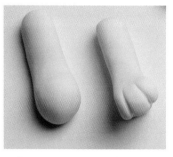

5. Patas traseras: modele 2 rollitos de 2,5 cm de largo, forme una bolita en la base y doble la pata. Con una esteca marque los tres dedos y deles movimiento.

6. Patas delanteras: modele 2 rollitos de 2 cm, forme una bolita en la base y doble al medio. Con esteca marque los tres dedos.

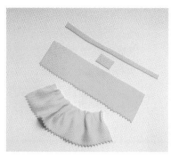

7. Estire pasta de goma amarilla y corte 1 trozo de 15 x 4 cm, 1 de 2 x 2 y una tira de 12 x 1 cm. Corte el extremo de la falda con un cortante.

8. Pegue con glasé las patas traseras al cuerpo y con agua alrededor la falda en la coneja. Luego la pechera y por último el cinto y los tiradores. Pinte pintitas blancas con la parte de atrás de 1 pincel.

9. Pegue con glasé blanco la cabeza, las orejas y las patas delanteras sobre la carita.

10. Para las flores, haga en pasta de modelar del color elegido 6 conitos de 2 cm de largo. Uns en el centro. Pinte de verde palitos de brochette.

11. Pegue el palito con glasé. Haga una bolita de 2 cm en pasta de modelar amarilla y pegue en el centro aplanando. Pinte líneas blancas en los pétalos con un pincel fino.

12. Patchwork: haga diferentes formas en pasta de modelar amarilla, naranja, marrón y verde. Pase el marcador de costura en los bordes y haga marcas con 1 esteca.

Conejita country

13. Armado de la torta: pegue con glasé en el lateral de la torta el patchwork y matice con colores en polvo. Coloque la coneja y luego las flores alrededor.

Abejita bebé

1. Haga una torta de manteca en una lata de arvejas y tállela. Fórrela con cobertura amarilla de 4 mm de espesor. Recorte debajo el excedente.

2. Estire pasta de goma negra y corte tiras, péguelas con agua al cuerpo. Realice un cono como colita.

3. Patas traseras: modele 2 óvalos rosa de 2 cm y pegue dos rollitos de 2 cm de largo en pasta de goma negra.

4. Patas delanteras: en pasta de goma rosa, modele un óvalo y corte el dedo pulgar a manera de mitón. Pegue dos rollitos de 2 cm de largo en pasta de goma negra.

5. Cabeza: haga en pasta de modelar color piel una bolita de 3 cm. Modele bolitas blancas para los ojos y encima coloque dos negras. Haga un rollito en pasta de goma negra para la boca.

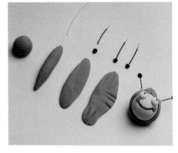

6. Realice un rollito de pasta rosa y coloque como pañuelo alrededor de la cabeza. Pinte de negro 2 alambres finos, insértelos en la cabeza y remate con dos bolitas en pasta de goma negra.

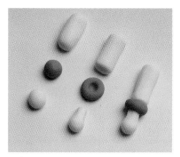

7. Mamadera: modele un rollito de pasta blanca de 2 cm de largo. Realice una bolita rosa y aplane, marque los bordes con una esteca. En pasta color piel modele un conito y pegue las tres partes con agua. Deje secar.

8. Corte un babero según el molde. Pegue todas las piezas con glasé y en la parte superior pegue dos alas realizadas en papel de arroz según el molde.

9. Para las flores haga en pasta de modelar del color elegido, 6 conitos de 2 cm de largo. Únalos en el centro.

10. Realice una bolita de 2 cm en pasta de modelar amarilla y pegue en el centro aplanando suavemente.

11. Haga una torta en forma de flor. Modele conos en la pasta de torta y coloque en la parte superior.

12. Cubra con cobertura blanca de 4 mm de espesor. Matice con colorante en polvo verde y coloque en el centro un círculo de pasta naranja texturada a cuadritos con una regla.

Abejita bebé

13. Pegue la abejita en la parte superior y las flores en el lateral de la torta y una en la cabecita.

Para la princesa

1. Realice 2 tortas en 1 lata de durazno y en 1 lata de arvejas.

2. Corte la más pequeña. Unte las tortas con dulce de leche y fórrelas con cubretortas rosa. Corte un círculo violeta para cubrir la parte superior.

3. Realice en pasta de modelar rosa dos cilindros de 12 cm de altura y 3 cm de base. Luego otro de 4 cm de base y 4 de altura. Deje secar acostado, vaya girándolo.

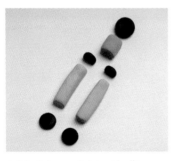

4. Modele en violeta 4 bolitas y coloque 2 en la base de las torres y 2 arriba.

5. Estire pasta de goma amarilla y corte tiras con una guarda calando corazoncitos.

6. Estire pasta de goma amarilla y corte un corazón. Corte en violeta una ventana y con el cortante de corazón retirer la parte superior para que encaje el corazón amarillo.

7. Pegue con agua las tiras en la base y en el contorno superior mirando hacia arriba.

8. Modele 2 conos amarillos limón y 2 conos violeta. Únalos entre sí y gire la parte superior.

9. Para la parte central, repita los pasos de las torres pequeñas. En el caso de la puerta utilice un cortante de mayor tamaño.

10. Una las piezas sobre la torta.

11. Lazo: estire la pasta de goma rosa y corte1 lazo para el contorno de la torta.

12. Corte 4 tiras de 6 cm x 15 de largo y frunza 2 de ellas en ambos extremos.

Para la princesa

13. Coloque la cinta alrededor de la torta y pegue el moño en el frente, sobre la unión. Aplique en el centro piedritas amarillas.

14. Souvenirs: corte pastillaje rosa según el molde y deje secar alrededor de 1 vaso. Una vez seco inserte dentro un muffin.

Rugby

1. Realice con la mezcla de torta para modelar un óvalo. Fórrelo con cobertura de 4 mm de espesor amarilla. Recorte debajo el excedente. Marque 4 rayas equidistantes con una esteca de un extremo al otro.

2. Corte un óvalo en pasta de goma y pegue tramos de cordón realizados con pasta de goma y eyector.

3. Realice en pasta de modelar color piel para las piernas 2 conos, doble al medio marcando los músculos.

4. Pegue con agua en el extremo 2 bolitas blancas marcadas con una esteca. Para las zapatillas pegue en el extremo dos óvalos en color azul.

5. Realice en pasta de modelar blanca 2 conos. Pegue cada uno a continuación de la pierna como pantalón.

6. Para el torso realice en pasta de modelar roja un cono, marque en la parte superior los músculos y las hombreras.

7. Con un bolillo marque donde irá el cuello y pegue una bolita color piel. Inserte un palillo.

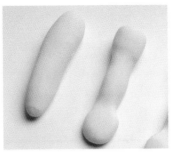

8. Para los brazos modele en pasta de goma dos rollitos de 3 cm de largo. Afine la muñeca y aplane el extremo.

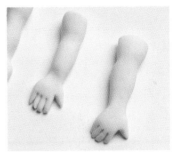

9. Realice un corte con la tijera para separar el dedo pulgar del resto, empareje la terminación y haga tres cortes más para los dedos restantes. Redondee y dé movimiento a los dedos.

10. Cabeza: modele una bolita de 3 cm. Marque al medio con el dedo índice. Con un bolillo marque la sonrisa y abra la boca.

11. Con un bolillo pequeño marque los ojos.
Para la nariz, modele un ovalito y pegue con agua.
Dejar secar.

12. Pegue en los ojos 2 bolitas de pasta de goma blanca. Pinte un punto negro en el centro.

Rugby

13. En la boca, pegue una tirita de pasta de modelar blanca, con una esteca marque los dientes. Coloque rubor en las mejillas.

14. Pegue todas las piezas y ponga una tira de pasta de goma alrededor de la frente. Con pasta de modelar marrón haga 2 rollitos para las cejas y use el resto parta cubrir la cabeza. Pegue con agua y deje secar. Con pasta de goma azul corte tiras para dar terminaciones a la ropa.

15. Coloque la pelota sobre una torta hexagonal forrada de celeste y decore los laterales con tiras de pasta de goma de color azul y rojo pegadas con agua.

Zapatillas

1. Corte pastillaje de 3 mm de espesor según los moldes, las plantillas en 2 sentidos diferentes.

2. Corte tiras de 1 cm de alto por el contorno de la plantilla. Deje secar sobre la misma, dejando la unión para la parte trasera.en pastillaje de 3 mm de espesor.

3. Una vez secas, pegue con glasé y deje secar.

4. Estire pasta de goma roja y corte la lengüeta. Deje secar con un trozo de vaso dentro para darle movimiento.

5. Estire pasta de goma roja y corte 2 moldes de la zapatilla. Pegue en el lateral con glasé de abajo hacia arriba. Dele movimiento.

6. Estire tiras de 1 cm de ancho y péguelas en los bordes de la zapatilla marcando una costura. Coloque bolitas como ojales y hunda en el centro con un bolillo mediano.

7. Corte la puntera en pasta de goma y marque con esteca. Pegue con glasé. Haga los cordones con el eyector y péguelos en los ojales. Estire pasta blanca para el contorno y negra para una línea lateral.

8. Cubra la torta ovalada. Coloque una gota de colorante bien aguado y sople con un sorbete en distintas direcciones. Utilice los colores primarios.

Tabla de conversiones

Peso (sólidos)		Volúmen (líquidos)		Medida	
7g	¼onza	5ml	1 cucharadita	5mm	¼ pulgada
10g	½onza	10ml	1 cuchara de postre	1cm	½ pulgada
20g	¾onza	15ml	1 cucharada or ½onza fl	2cm	¾ pulgada
25g	1 onza	30ml	1 onza fl	2.5cm	1 pulgada
40g	1½ onzas	40ml	1½onzas fl	3cm	1¼ pulgadas
50g	2 onzas	50ml	2 onzas fl	4cm	1½ pulgadas
60g	2½ onzas	60ml	2½onzas fl	5cm	2 pulgadas
75g	3 onzas	75ml	3 onzas fl	7.5cm	3 pulgadas
100g	3½ onzas	100ml	3½onzas fl	10cm	4 pulgadas
110g	4 onzas (¼libra)	125ml	4 onzas fl	15cm	6 pulgadas
125g	4½ onzas	150ml	5 onzas fl (¼ pinta)	18cm	7 pulgadas
150g	5½ onzas	160ml	5½onzas fl	20cm	8 pulgadas
175g	6 onzas	175ml	6 onzas fl	24cm	10 pulgadas
200g	7 onzas	200ml	7 onzas fl	28cm	11 pulgadas
225g	8 onzas (½libra)	225ml	8 onzas fl	30cm	12 pulgadas
250g	9 onzas	250ml	9 onzas fl		
275g	10 onzas	300ml	10 onzas fl (½ pinta)		
300g	10½ onzas	325ml	11 onzas fl		
310g	11 onzas	350ml	12 onzas fl		
325g	11½ onzas	370ml	13 onzas fl		
350g	12 onzas (¾libra)	400ml	14 onzas fl		
375g	13 onzas	425ml	15 onzas fl (¾ pinta)		
400g	14 onzas	450ml	16 onzas fl		
425g	15 onzas	500ml (0.5l)	18 onzas fl		
450g	1 libra	550ml	19 onzas fl		
500g (½kg)	18 onzas	600ml	20 onzas fl (1 pinta)		
600g	1¼ libras	700ml	1¼ pintas		
700g	1½libras	850ml	1½ pintas		
750g	1 libra 10 onzas	1 litro	1¾ pintas		
900g	2 libras	1.2 litros	2 pintas		
1kg	2¼ libras	1.5 litros	2½ pintas		
1.1kg	2½ libras	1.8 litros	3 pintas		
1.2kg	2 libras 12 onzas	2 litros	3½ pintas		
1.3kg	3 libras				
1.5kg	3 libras 5 onzas				
1.6kg	3½libras				
1.8kg	4 libras				
2kg	4 libras 8 onzas				
2.25kg	5 libras				
2.5kg	5 libras 8 onzas				
3kg	6 libras 8 onzas				

Glosario

- **Azúcar impalpable:** Azúcar glas/ Azúcar extrafino/ Azúcar glacé/ Azúcar nevada/ Azúcar de flor. Se obtiene pulverizando o moliendo el azúcar granulado a tamaño de polvo. En las preparaciones comerciales se les añade un porcentaje menor de almidón.

- **Batata:** camote / boniato.

- **Bicarbonato de sodio:** bicarbonato de soda.

- **Crema de leche:** Nata líquida.

- **Choclo:** elote.

- **Damascos:** Albaricoques/ Chabacanos.

- **Dulce de batata:** Ate de camote/ boniato.

- **Dulce de leche:** Cajeta/ Manjar.

- **Dulce de leche repostero:** más espeso que el dulce de leche argentino en su versión clásica. Se puede reemplazar por el original.

- **Dulce de membrillo:** carne de membrillo / ate de membrillo

- **Frutilla:** fresa/ fresón.

- **Galletitas:** Bizcochitos dulces.

- **Harina leudante:** harina para pastelería (cuatro ceros) con el agregado de polvos leudantes (polvo de hornear, bicarbonato de sodio y sal). Para reemplazarla, mezcle 3 cdtas de harina y 2 cdtas de sal cada 6 tazas de harina.

- **Maní:** Cacahuate/Cacahuete.

- **Manteca:** Mantequilla. A lo largo del libro, cuando las recetas indican manteca, debe entenderse como manteca sin sal, a menos que la receta exija expresamente manteca salada.

- **Manteca salada:** Puede lograrse mezclando 1/4 de cucharadita de sal por cada 115 gramos de manteca no salada.

- **Pirotines:** Moldes de papel para muffins y magdalenas. También llamados capacillos.

- **Sésamo:** ajonjolí.

Moldes

A tomar el té

Cenicienta

Moldes

Caballito mecedor

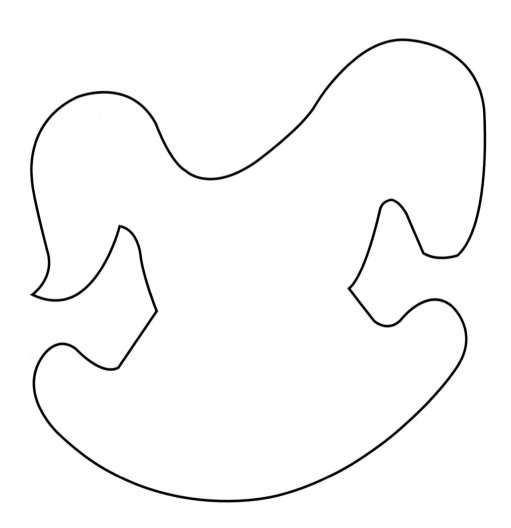

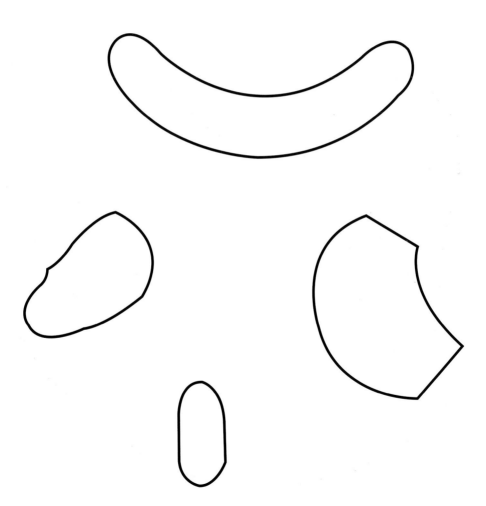

Moldes

Para la princesa

Abejita bebé

Moldes

Muuuuaaaa....

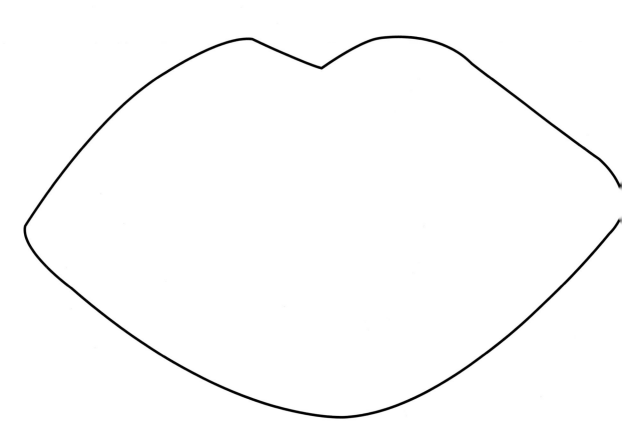

Hadas mágicas

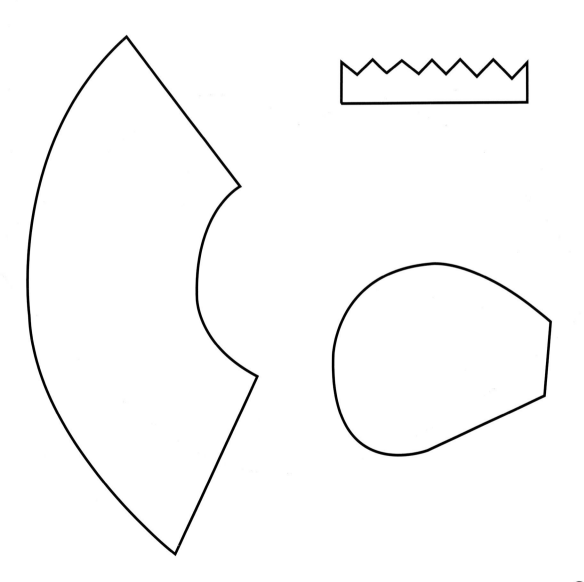

Moldes

Zapatillas

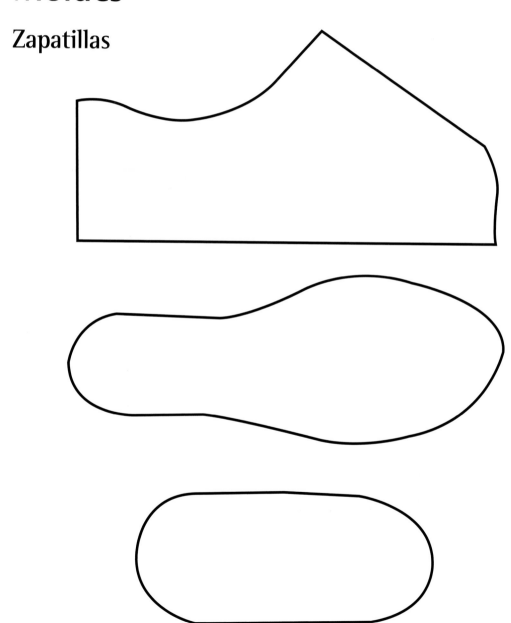

Libreta fashion

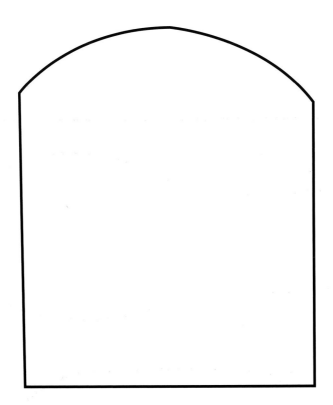

Moldes

Bienvenido

Espantapájaros de Halloween

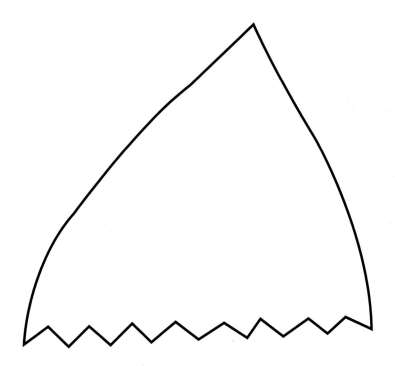

Cute

Cute Ediciones
Paraná 762, Ciudad de Buenos Aires, Argentina (1017)

Morana, Cecilia
Tortas para chicos - 1ª ed. - Buenos Aires: Cute Ediciones, 2010.
110 p. ; 18x23 cm.

ISBN 978-987-25829-4-4

1. Reposteria. 2. Tortas. I. Título
CDD 641.8

Fecha de catalogación: 05/11/2010

Diseño y diagramación: Angeles Martínez
Fotografía: Sergio Esmoris
Asistente de Fotografía: Hugo Serra
Retoque digital: Walter Balcedo
Corrección de texto: Renata Kosczyk
Producción y Estilismo: Cecilia Miranda
Asistente: Laura Zalazar
ISBN; 978-987-25829-4-4

Hecho el depósito que marca la ley 11.723
Impreso en Argentina
Esta primera reimpresión de 4000 ejemplares se terminó de imprimir en Area Cuatro, Chingolo 480,
Rincón de Milberg, Provincia de Buenos Aires, Argentina. www.areacuatro.com.ar

tortasparachicos@cuteediciones.com.ar